BEI GRIN MACHT SICH IHR WISSEN BEZAHLT

- Wir veröffentlichen Ihre Hausarbeit, Bachelor- und Masterarbeit

- Ihr eigenes eBook und Buch - weltweit in allen wichtigen Shops

- Verdienen Sie an jedem Verkauf

Jetzt bei www.GRIN.com hochladen und kostenlos publizieren

Frank Hemer

Linux in eingebetteten Systemen

Bibliografische Information der Deutschen Nationalbibliothek:

Die Deutsche Bibliothek verzeichnet diese Publikation in der Deutschen Nationalbibliografie; detaillierte bibliografische Daten sind im Internet über http://dnb.d-nb.de/ abrufbar.

Dieses Werk sowie alle darin enthaltenen einzelnen Beiträge und Abbildungen sind urheberrechtlich geschützt. Jede Verwertung, die nicht ausdrücklich vom Urheberrechtsschutz zugelassen ist, bedarf der vorherigen Zustimmung des Verlages. Das gilt insbesondere für Vervielfältigungen, Bearbeitungen, Übersetzungen, Mikroverfilmungen, Auswertungen durch Datenbanken und für die Einspeicherung und Verarbeitung in elektronische Systeme. Alle Rechte, auch die des auszugsweisen Nachdrucks, der fotomechanischen Wiedergabe (einschließlich Mikrokopie) sowie der Auswertung durch Datenbanken oder ähnliche Einrichtungen, vorbehalten.

Impressum:

Copyright © 2007 GRIN Verlag GmbH
Druck und Bindung: Books on Demand GmbH, Norderstedt Germany
ISBN: 978-3-640-24885-8

Dieses Buch bei GRIN:

http://www.grin.com/de/e-book/120056/linux-in-eingebetteten-systemen

GRIN - Your knowledge has value

Der GRIN Verlag publiziert seit 1998 wissenschaftliche Arbeiten von Studenten, Hochschullehrern und anderen Akademikern als eBook und gedrucktes Buch. Die Verlagswebsite www.grin.com ist die ideale Plattform zur Veröffentlichung von Hausarbeiten, Abschlussarbeiten, wissenschaftlichen Aufsätzen, Dissertationen und Fachbüchern.

Besuchen Sie uns im Internet:

http://www.grin.com/

http://www.facebook.com/grincom

http://www.twitter.com/grin_com

Linux in eingebetteten Systemen

Frank Hemer

WWI05B

07. November 2007

Eine Studienarbeit im Fachbereich
Wirtschaftsinformatik, Studienfach Systementwicklung
der Berufsakademie Mannheim

Studienarbeit - Linux in eingebetteten Systemen

Zusammenfassung

Diese Studienarbeit beschäftigt sich mit dem freien Betriebssystem Linux. Im ersten Teil wird betrachtet, wie die Nachfrage nach solch einem Betriebssystem überhaupt entstanden ist und wie es letztendlich ein damaliger, junger Informatik-Student schaffte, mit Linux die Welt zu revolutionieren. Die von bekannten Wissenschaftlern geäußerte Kritik bezüglich der technischen Reife von Linux wird ebenso diskutiert wie die Kritik gegenüber den sozialen Aspekten und das in Frage stellen der Sinnhaftigkeit von freier Software. Ein neuer Anreiz zur Diskussion dieses Themas entstand bei der Veröffentlichung der neuen General Public License (GPL) Version 3 im Juni 2007. Sogar bei Verfechtern der freien Software stoßen einige neue und veränderte Punkte der Version 3 auf starke Ablehnung. Letztendlich war es aber auch ein Verdienst der Free Software Foundation (FSF) mit der GPL in Version 1 und 2, welche die starke Ausbreitung und Durchsetzung von Linux erst ermöglichte. Mittlerweile kommt Linux sogar auf eingebetteten Systemen, wie zum Beispiel einem Router, zum Einsatz. Aufgrund der sich daduch ergebenden Möglichkeiten, wird im zweiten Teil der Arbeit in einem Versuch geprüft, ob und wie es möglich sein wird, einen auf Linux-Firmware basierenden Router seinem eigentlichen Zweck zu entfremden. Ziel dieses Vorhabens ist es, auf dem ursprünglichen Router einen Webserver zu installieren, zu konfigurieren und zu betreiben, welcher auch die Generierung dynamischer Webseiten (am Beispiel PHP) unterstützt.

Inhaltsverzeichnis

1 Linux und Open Source — 1
  1.1 Die Entstehung von Linux — 1
  1.2 Kritik an Linux — 3
  1.3 GNU GPL — 4
    1.3.1 Copyleft - Freiheiten und Pflichten der GPL — 5
    1.3.2 Kritik GPL Version 3 — 6

2 Eingebettete Systeme — 9
  2.1 Ausgangssituation — 9
  2.2 Evaluierung von Linux-Distributionen — 9
    2.2.1 OpenWrt — 10
    2.2.2 FreeWrt — 10
    2.2.3 Entscheidung für FreeWrt — 11
  2.3 Evaluierung der Hardware — 11
    2.3.1 Asus WL-500g Deluxe — 12
    2.3.2 Asus WL-500g Premium — 12
    2.3.3 Entscheidung für WL-500g Premium — 12

3 FreeWrt — 14
  3.1 Installation — 15
  3.2 Konfiguration — 16
  3.3 Erweiterung der Speicherressourcen — 18
  3.4 Funktionalität und Leistungsfähigkeit — 18

4 Fazit — 19

A Ausgabe des Ringpuffers — 20

B Leistungstest — 24

Abkürzungsverzeichnis

BSD .... Berkeley Software Distribution

CGI .... Common Gateway Interface

cmd .... Command - Windows Kommandozeile

CPU .... Central Processing Unit

DRM .... Digital Rights Management

FSF .... Free Software Foundation

GNU .... Projektname von GNU is Not Unix

GPL .... General Public License

IPKG .... Itsy Package Management System

KB .... Kilobyte

LED .... Light Emitting Diode bzw. Licht emittierende Diode

MB .... Megabyte

MHz .... Megaherz

MIPS .... Microprocessor without interlocked pipeline stages

PC .... Personal Computer

PHP .... rekursives Backronym für PHP:Hypertext Preprocessor

RAM .... Random Access Memory

s .... Sekunde

SSH .... Secure Shell

tftp .... Trivial File Transfer Protocol

USB .... Universal Serial Bus

VMS .... Virtual Memory System

1 Linux und Open Source

1.1 Die Entstehung von Linux

Im Jahre 1981 erfolgte die Einführung der mit 8086- und 80286-Prozessoren ausgestatteten IBM-PCs. Diese erste Generation von PCs berührte die UNIX-Welt jedoch kaum, da die großen Hersteller wie AT&T und Sun sie als zu leistungsschwach angesehen haben. Eine Meinung, welche auch von vielen Programmierern vertreten wurde[1]. Die schnelle Entwicklung in der Informationstechnologie nahm ihren Lauf und so erzielte 1986 der PC in seiner nächsten Generation den Durchbruch am Markt. Ausgestattet war der PC mittlerweile mit einem 80386-Prozessor, der von seiner Leistungsfähigkeit zum Ausführen von Unix geeignet gewesen wäre, allerdings gab es keins dafür. Die großen Unix-Firmen AT&T und Sun sahen die Entwicklung der PCs nunmehr als starke Bedrohung für ihr Geschäft mit Hochleistungsrechnern. Die rechtlichen und wirtschaftlichen Streitigkeiten mit anderen Unix Anbietern wie IBM und Hewlett-Packard hemmten jedoch die Weiterentwicklung von Unix und somit den Prozess, den Anforderungen des Marktes gerecht zu werden. Dadurch schufen sie die Marktlücke für Windows NT. Microsoft nutzte die Gunst der Stunde, in den Unix-Markt einzudringen, den Lizenzstreitigkeiten jedoch mit ihrem eigenen Betriebssystem aus dem Weg zu gehen. Windows NT entstand auf der Basis des Betriebssystems *Virtual Memory System* (VMS), eines Rivalen von Unix[2]. Die meisten Programmierer aber, für die Unix zum Standardbetriebssystem geworden war, sahen dem Einzug von Microsoft sehr kritisch entgegen.

„Hardware was getting cheaper, but Unix was still too expensive. We were belatedly becoming aware that the old monopoly of IBM had yielded to a newer monopoly of Microsoft, and Microsoft's mal-engineered software was rising around us like a tide of sewage[3].*"*

Aufgrund der mangelnden Rechte am Quellcode von Unix war eine Portierung für den PC nicht umsetzbar. Es entwickelte sich eine Nachfrage nach einem freien

---

[1] vgl. GLYN MOODY: *Rebel Code: Linux and the Open Source Revolution*, Perseus Books, 2002, S.63 [MOO02]
[2] vgl. GLYN MOODY: *Rebel Code: Linux and the Open Source Revolution*, Perseus Books, 2002, S.5ff [MOO02]
[3] ERIC STEVEN RAYMOND: *The Art of Unix Programming* Addison-Wesley, 2005, Chapter 2 [RAY05]

Unix-System, für das es aber kein wirkliches Angebot gab. 1987 wurde zumindest ein erschwingliches Unix für den PC vorgestellt. Es hörte auf den Namen *Minix* und wurde vom amerikanischen Informatik-Professor Andrew Tanenbaum geschrieben. Zusammen mit einem Lehrbuch wurde es für ca. 60 US-Dollar verkauft[4]. Es war jedoch ein System, welches nur zu Lehrzwecken dienen sollte. Für einen Einsatz als Produktivsystem war es nicht vorgesehen. Auch war der Quellcode von *Minix* zwar veröffentlicht, aber nicht freigegeben. Der damalige Informatik-Student Linus Torvalds kaufte sich 1991 einen PC und installierte darauf *Minix*, um das System besser kennenzulernen. Mit einem Modem stellte er eine Verbindung zur Universität her, um dort die Diskussionsforen im Usenet lesen zu können. Da er mit den Fähigkeiten von *Minix* zum Aufbau solcher Terminalverbindungen nicht zufrieden war, beschloss er einen eigenen *Terminalemulator* zu programmieren[5]. Torvalds reichte dies aber nicht und so entwickelte er sein Programm ständig weiter. Es wurde unabhängig von *Minix*, bootete selbstständig und konnte sogar Dateien auf der Festplatte lesen und schreiben. Schließlich wurde ihm klar, dass ein Programm mit solchen Eigenschaften ein Betriebssystem auszeichnete. Seine neu gewonnene Erkenntnis veröffentlichte er direkt im *Minix*-Forum[6].

Die wohl bedeutendste Eigenschaft für die weitere Entwicklung von Linux war Torvalds Absicht, das Betriebssytem *frei* anzubieten. Wobei *frei* nicht nur bedeuten soll, den Quellcode offen zu legen, sondern auch die kostenlose Abgabe und die Möglichkeit, dem Anwender die Freiheit zu geben, den Quellcode seinen eigenen Bedürfnissen anzupassen. Bei der Überlegung für einen Namen seines Programms, kam er auf *Freax*. Er kombinierte es aus *free* für *Free Software*, *Freak*, weil er sich selbst so sah, und als Abschluss dem *X* aus *Unix*. Torvalds bekam von der Universität Helsinki ein öffentlich zugängliches Verzeichnis, unter dem er sein Programm verbreiten konnte. Der zuständige Administrator benannte das Verzeichnis jedoch eigenwillig in *Linux* um. Linux steht dabei für Linus X-Server. Torvalds akzeptierte die Entscheidung und die Geburtsstunde von Linux war vollbracht[7]. Bis zur Version

---

[4]vgl. GLYN MOODY: *Rebel Code: Linux and the Open Source Revolution*. Perseus Books, 2002, S.32ff [MOO02]

[5]vgl. LINUS TORVALDS and DAVID DIAMOND: *Just for Fun*, Hanser Fachbuch, 2001, S.59ff [TD01]

[6]vgl. LINUS TORVALDS: *What would you like to see most in Minix?*, 1991, http://lwn.net/2001/0823/a/lt-announcement.php3[TOR91]

[7]vgl. LINUS TORVALDS and DAVID DIAMOND: *Just for Fun*, Hanser Fachbuch, 2001, S.97 [TD01]

0.11 stand Linux unter einer eigenen Lizenz von Torvalds, welche noch strenger war als die GPL und eine kommerzielle Verbreitung kategorisch ausgeschlossen hat. Ab der Version 0.12 entschloss er sich, Linux unter der GNU GPL freizugeben. Dies war wiederum ein sehr wichtiger Schritt für den zukünftigen Erfolg von Linux, welches weiterhin auch unter GNU/Linux bekannt wurde und sich fortan rasant ausbreitete.

1.2 Kritik an Linux

Die immer größer werdende Linux-Gemeinde traf sich 1992 nach wie vor im Minix-Forum zum Austausch. Das Forum war eigentlich ein Bereich, der für die Entwicklung von Minix genutzt werden sollte. Aufgrund der stetig steigenden Anzahl der Linux-Beiträge wunderte es nicht, dass Minix-Erfinder Andrew Tanenbaum sich herausgefordert fühlte und in seinem bekannt gewordenen Artikel *Linux is obsolete* technische Kritik an Linux übte. In einem weiteren Artikel äußerte er seine sozialen Bedenken. Er könne sich nicht die Bildung einer Gemeinschaft freier Entwickler vorstellen, welche, über das Internet und ohne disziplinarische Führungsinstanz, eine produktive Software entwickelt. Außerdem vermöge er es nicht zu verstehen, warum Torvalds die Kontrolle seines selbst geschaffenen Systems überhaupt aus der Hand geben möchte. Dadurch habe schließlich jeder die Möglichkeit, es nach eigenem Belieben weiterzuentwickeln oder gar zu ruinieren [8]. Torvalds Überzeugung war jedoch klar:

> „... here's my standing on "keeping control", in 2 words (three?): I won't[9]".

Technisch kritisiert Tanenbaum insbesondere den monolithischen Kernel [10] von Linux. Seiner Ansicht nach sei der monolitische Kernel technisch überholt. Moderne Betriebssystemarchitekturen setzten auf den Microkernel [11]. Weiterhin kritisierte er

---

[8]vgl. ANDREW TANENBAUM: Unhappy campers, 1992, http://www.educ.umu.se/~bjorn/mhonarc-files/obsolete/msg00076.html[TAN92b]
[9]LINUS TORVALDS: *Unhappy campers*, 1992, http://www.educ.umu.se/~bjorn/mhonarc-files/obsolete/msg00089.html[TOR92]
[10]Der monolitische Kernel enthält alle Funktionen zur Speicher- und Prozessverwaltung, Treiber für Hardwarekomponenten und das Dateisystem. Er ist dadurch performanter als ein Microkernel, aber auch weitaus anfälliger für fehlerhafte Programmierung.
[11]Bei einem Microkernel laufen die meisten Funktionen als Module außerhalb des Kernels. Die Aufgabe des Kernels ist es, die Aufrufe dieser Module zu koordinieren. Er ist weniger performant als ein monolithischer Kernel, aber weniger fehleranfällig

die mangelnde Portabilität von Linux. Es sei fest mit der x86-Prozessorarchitektur verbunden, während ein vernünftiges Betriebssystem portabel sein müsse [12]. Die mangelnde Portabilität verlor Linux in Laufe der Entwicklung schnell. Die Architektur des Kernels hat sich allerdings bis heute nicht grundlegend geändert. Der Microkernel galt damals als der modernere und flexiblere Ansatz, jedoch unterschätzte man den hohen Kommunikationsaufwand zwischen den Modulen und so setzte er sich aufgrund der dadurch bedingten schlechten Leistungsfähigkeit bis heute nicht durch. Aktuell wird aber wieder darüber diskutiert, ob der Microkernel nicht doch der richtige Ansatz sei und es zu einer Rückkehr kommen könne. Für viele Menschen ist Sicherheit und Zuverlässigkeit in der heutigen Zeit gleichzusetzen mit Leistungsfähigkeit[13]. In Zukunft sollte man den Anspruch nach einem reinen monolithischen oder reinen Microkernel neu überdenken. Die Firma Apple setzt schon seit Jahren auf einen Hybridkernel und verbindet damit sehr gut die Zuverlässigkeit des Microkernels mit der Leistungsfähigkeit des monolithischen.

1.3 GNU GPL

Bei der Ankündigung des GNU-Projekts im Jahre 1983 versäumte Stallman, sein Verständnis von *Freier Software* zu erklären. Durch sein Versprechen, GNU frei an jeden zu geben, der es benötigen kann, legte er den Grundstein für Missverständnisse[14].

Daraus entwickelte sich auch die Annahme, *freie Software* sei gleichzusetzen mit *kostenloser Software*. Im Jahr darauf erfolgte jedoch die begriffliche Klarstellung in Form des GNU-Manifests [15]. Das Manifest definiert das Wort *Freiheit* der Software auf die Art und Weise der Benutzung und nicht auf den Preis. Der Anwender hat das Recht, den Programmcode zu verändern und zu verbreiten. Dies geht für den Anwender mit der Pflicht einher, die Freiheit auch nach der Veränderung weiterhin zu gewährleisten. 1989 wurden diese Rechte und Pflichten in der *GNU*

---

[12]vgl. ANDREW TANENBAUM: *Linux ist obsolete*, 1992, http://www.educ.umu.se/~bjorn/mhonarc-files/obsolete/msg00000.html[TAN92a]

[13]vgl. HERBERT BOS, ANDREW TANENBAUM, and JORRIT HERDER: *Can We Make Operating Systems Reliable and Secure?*, Vrije Universiteit, Amsterdam, 2006. IEEE Computer, vol. 39, no. 5, S. 44-51, Mai 2006;[BTH06]

[14]vgl. RICHARD MATTHEW STALLMAN: *New Unix Implementation*, 1983, http://www.gnu.org/gnu/initial-announcement.html[STA83]

[15]vgl. RICHARD MATTHEW STALLMAN: *The GNU Manifesto*, 1984, http://www.gnu.org/gnu/manifesto.html[STA84]

General Public License (GPL) in ihrer ersten Version festgeschrieben. Seit Juni 2007 existiert die dritte Version.

1.3.1 Copyleft - Freiheiten und Pflichten der GPL

Um ein Programm unter die GPL zu stellen, wird ein Copyright-Vermerk in den Quellcode eingefügt und auf den vollständigen Text der GPL verwiesen. Der Schritt sollte wohl überlegt sein, denn die Entscheidung, den Programmcode unter der GPL freizugeben, kann nicht mehr zurückgenommen werden. Ziel der GPL ist es, dem Benutzer die folgenden grundsätzlichen Freiheiten einzuräumen [16]:

- Freiheit 0: Die Freiheit, das Programm auszuführen, für jeden Zweck.

- Freiheit 1: Die Freiheit, zu verstehen wie das Programm arbeitet und es an die eigenen Bedürfnisse anzupassen.

- Freiheit 2: Die Freiheit, das Programm zu vertreiben, um seinen Nächsten zu helfen.

- Freiheit 3: Die Freiheit, das Programm weiterzuentwickeln und die Weiterentwicklung der Öffentlichkeit zur Verfügung zu stellen, damit es jedem zu Gute kommt.

Diese erwähnten Freiheiten hätte man folglich auch dann, wenn ein Programm in keinster Form geschützt wurde. So kam es zum Beispiel in studentischen und wissenschaftlichen Bereichen relativ häufig vor, dass Programme entwickelt und freigegeben wurden, ohne jegliche Auflagen des Entwicklers. Solches Gemeingut bezeichnet man auch als *public domain*. Dadurch enstehen dem Nutzer keinerlei Pflichten und er kann diese Software nach Belieben verändern und sogar verkaufen. Darin sah Stallman keinen Sinn und suchte deshalb nach einer Lösung, ein Copyright zu erhalten, ohne jedoch die Freiheiten der Benutzer einzuschränken. Mit der GPL drehte Stallman einfach die Verhältnisse um. Was herkömmliche Copyrights verbieten (Kopieren, Verändern, Verbreiten, etc.), erlaubte die GPL. Jedoch wurde dies an eine Bedingung geknüpft: Wird ein Programm verändert und anschließend

---

[16]vgl. FREE SOFTWARE FOUNDATION: *The Free Software Definition*, 1996, http://www.gnu.org/philosophy/free-sw.html[FOU96]

veröffentlicht und weiterverbreitet, muss diese Veröffentlichung wiederum unter der GPL freigegeben werden [17]. Diese Methode bezeichnet Stallman als *Copyleft*. Es soll eine Anspielung auf die übliche Copyright-Klausel sein. Abschließend sollte man festhalten, dass es sich bei der GPL nicht um einen Vertrag, sondern lediglich um eine Zusicherung des Urheberrechts handelt. Werden Bedingungen nicht eingehalten, so handelt es sich um eine Verletzung des Urheberrechts, das vom jeweiligen Halter eingeklagt werden kann. Der Halter ist dabei der Autor des ursprünglichen Programms. Weiterhin kann nur auf Unterlassung einer unrechtmäßigen Verbreitung geklagt werden. Wird das veränderte Programm privat oder auch innerhalb eines Unternehmens verwendet, so besteht keine Verletzung des Urheberrechts [18].

1.3.2 Kritik GPL Version 3

Kritik an der GPL besteht schon so lange wie die GPL selbst. Die hauptsächlichen Streitpunkte sind jedoch genau jene, die von der FSF so beabsichtigt sind und betreffen eher das Prinzip der freien Software. Doch bei der Veröffentlichung der Vorhaben und Änderungen in der neuen GPL Version 3 stufen selbst Verfechter der GPL einige Punkte als kritisch ein und blieben gerne bei Version 2. Dabei sollte man bedenken, dass Version 2 bereits im Jahre 1991 entstanden ist. Betrachtet man die Entwicklung der Informationstechnologie der letzten Jahre, ergeben sich demnach auch neue Herausforderungen für die FSF. Vor der Veröffentlichung gab es im wesentlichen drei Kernbereiche, um die gestritten wurde und für die es letztendlich keine gemeinsame Lösung gab: Softwarepatente, Digital Rights Management (DRM) und Lizenzchaos.

Es kommt die Frage auf, ob Softwarepatente überhaupt Thema für eine Softwarelizenz sind. Für manche Entwickler und auch den Linux-Verband offenbar nicht. Nach Ansicht des Verbandes ist der Kampf gegen Softwarepatente eine politische Frage und eine ganz andere Sache als eine im Urheberrecht begründete, vor Gericht durchsetzbare Lizenz. Die FSF sieht dies hingegen anders. Sie argumentiert mit dem fehlenden Nutzen der Freiheiten, welche die GPL dem Nutzer lässt, diese aber durch die Patentansprüche eingeschränkt werden.

---

[17]vgl. FREE SOFTWARE FOUNDATION: *GNU General Public License*, 2007, http://www.gnu.org/licenses/gpl-3.0.html[FOU07]

[18]vgl. BUNDESMINISTERIUM DER JUSTIZ: *Gesetz über Urheberrecht und verwandte Schutzrechte*, 2003, http://www.gesetze-im-internet.de/urhg/index.html[JUS02]

Beim Streitpunkt DRM gibt es einen noch deutlicheren Widerspruch. Auslöser dieses Konfliktes war das Gerät *TiVo*[19]. Der Hersteller hat, so wie es die GPL verlangt, seine Quelltexte offengelegt. Das Gerät selbst führt allerdings nur Code aus, welchen der Hersteller digital signiert hat. Daraus ergibt sich die Konsequenz, dass der Anwender das System gemäß der GPL beliebig verändern kann, das Ergebnis jedoch nicht mehr auf der *TiVo*-Hardware läuft. FSF-Gründer Stallman sieht darin die Absicht der GPL unterlaufen. Eine Ansicht, die auch viele andere Open Source Entwickler teilen. Die GPLv3 soll diese Art technischer Tricks ausdrücklich untersagen. Außerdem sei ein digitaler Schutzmechanismus schon grundsätzlich unvereinbar mit der Vision der freien Software. Hier argumentiert Linux-Erfinder Torvalds jedoch dagegen. Seiner Ansicht nach sei es das gute Recht von *TiVo*, selbst zu bestimmen, welche Software auf ihrer Hardware läuft. Nach seinem Verständnis verlange die GPL lediglich, dass die Software offen läge. Und das tut sie. Jeder könne die TiVo-Quelltexte nehmen, verbessern und sich einen eigenen digitalen Videorekorder daraus bauen. Er müsse ihn lediglich auf seiner Hardware laufen lassen. Auch Johannes Loxen vom Linux-Verband sieht hier großes Konfliktpotenzial vor allem mit Entwicklern von eingebetteten Systemen. Denn schließlich will nicht jeder Entwickler Geräte akzeptieren, auf denen die eigene Software läuft, ohne dass er selbst eine verbesserte Version einspielen kann. Ein Kompromiss in diesem Diskussionspunkt dürfte sich wohl als schwierig erachten[20].

Der dritte Streitpunkt betrifft die Kompatibilität mit anderen Open Source Lizenzen. Zwar sind sich bei dem Ziel, die Kompatibilitätsprobleme zu verringern, alle einig, doch beim Weg dorthin gibt es unterschiedliche Richtungen. Der Weg der FSF ist klar. Sie möchte mit der neuen GPLv3 Hindernisse ausräumen und Vorkehrungen treffen, GPL-Code leichter mit anderem Code kombinieren zu können. Auf der anderen Seite argumentieren Torvalds und der Linux-Verband, dass es durch die parallele Existenz zweier GPL-Versionen zu einem noch größeren Lizenzchaos kommen wird, da es eine Vielzahl von Open Source Projekten gibt, die bei der GPLv2 bleiben werden. Bei Linux zum Beispiel müsste jeder einzelne der vielen hundert Entwickler, welche eigenen Code beigetragen haben, dieser Umstellung zustimmen. Der enorme Aufwand dafür lässt die Diskussion über eine mögliche

---

[19]TiVo ist ein digitaler Videorekorder, der unter Linux läuft
[20]vgl. DR. OLIVER DIEDRICH: *Streit um die neue GPL*, 2006, http://www.heise.de/open/artikel/78967[DIE06]

Umstellung gar nicht erst aufkommen. Torvalds selbst möchte sich auch aus solchen politischen Diskussionen zukünftig raushalten. Seine Position gegenüber der GPLv3 sei klar. Schließlich sei er kein Politiker, sondern Programmierer, dem eher die Fehler im Kernel Sorge bereiten[21].

---

[21]vgl. DANIEL LYONS: *Linux Licensing - Interview with Linus Torvalds*, 2006, http://www.forbes.com/2006/03/09/torvalds-linux-licensing-cz_dl_0309torvalds1.html,[LYO06]

2 Eingebettete Systeme

2.1 Ausgangssituation

Mit dem Einzug von DSL und dem Aufkommen von Flatrates, die jedem Benutzer eine nahezu ununterbrochene Verbindung mit dem Internet ermöglicht, liegt der Gedanke, einen eigenen kleinen Webserver zu betreiben, nicht weit entfernt. Für diesen Zweck jedoch einen dedizierten Rechner zu erwerben, bringt hohe Anschaffungskosten mit sich. Und auch die Möglichkeit, einen alten, ausgedienten Rechner dafür zu nutzen, löst nicht die Probleme der Geräuschentwicklung, des hohen Stromverbrauchs und der mangelnden Auslegung für einen 24-Stunden Betrieb. Eine mögliche Lösung könnte die Verwendung eines eingebetteten Linux Systems sein[22]. Es wird im Folgenden geprüft, ob und wie es möglich ist, aus einem herkömmlichen Router einen Webserver zu bauen. Hauptziel des Servers soll dann die Ausführung dynamischer Webseiten auf Basis von PHP sein. Dabei wird zunächst nach Linux-Distributionen recherchiert, welche das Vorhaben unterstützen und im Anschluss daran ein passender Router ermittelt.

2.2 Evaluierung von Linux-Distributionen

Viele Router (speziell für den Privatbereich) basieren mittlerweile auf Linux. Jedoch ist die Original-Firmware, so wie sie ausgeliefert wird, nicht dafür geeignet, sie nach den eigenen Wünschen zu modifizieren und bestimmte Serverdienste zu installieren. Zum einen liegt es daran, dass auf dem Dateisystem nur Lesezugriff, aber kein Schreibzugriff gewährt wird. Dies lässt wiederum den Schluss zu, dass ein Eingriff in das System und die Installation und Konfiguration zusätzlicher Software und Dienste von Herstellerseite nicht vorgesehen ist. Zum anderen liegen benötigte Treiber für die in den Routern verbaute Hardware nur als proprietäre Software vor. Beim Recherchieren im Internet nach passenden Linux-Varianten für die Firmware der Router stößt man schnell auf die beiden großen Projekte OpenWrt und FreeWrt. Diese Projekte haben es sich zur Aufgabe gemacht, die Original-Firmware durch ein Linux mit voll beschreibbarem Dateisystem und Paketmanagement zu ersetzen.

---

[22] auch geläufig unter dem Namen *embedded Linux*

2.2.1 OpenWrt

Im Jahre 2003 brachte die Firma Linksys einen Router mit dem Produktnamen *WRT54G* auf den Markt. Dieser Router basierte auf dem unter der GNU GPL veröffentlichten Linux-Kernel. Linksys modifizerte diesen Kernel, stellte ihn aber zunächst nicht, wie von der Lizenz verlangt, der Öffentlichkeit zur Verfügung. Nach anhaltendem öffentlichen Druck lenkte Linksys Ende des Jahres 2003 ein und veröffentlichte den modifizierten Quellcode[23]. Dies war der Startschuss zur Gründung von OpenWrt [24]. Für eine Vielzahl unterschiedlicher Routermodelle gibt es bereits fertige Versionen als Images, die man auch nach der Installation mit verschiedenen Paketen erweitern kann, ohne diese selbst kompilieren zu müssen. Als Paketverwaltung kommt hier das *Itsy Package Management System* (IPKG) zum Einsatz. Das besondere an IPKG ist die spezielle Konzeption für Linuxsysteme mit begrenztem Speicher. Allerdings bringen diese vorgefertigten Images Unterstützung für Hardware mit, welche der Router gar nicht besitzt oder im weiteren Vorhaben nicht benutzt werden soll. Dies hat den entscheidenden Nachteil, die Firmware unnötig aufzublähen. Hinsichtlich des sehr beschränkten Speichers der Router ein Luxus, den man sich nicht leisten kann. Soll nämlich zusätzliche Software (wie z.B. ein Webserver und PHP Module) installiert werden, kann unter Umständen der Speicherplatz dafür nicht ausreichen. Um das Problem zu umgehen und mehr Platz zu schaffen, muss auf eine Toolsammlung von OpenWrt zurückgegriffen werden, die aus frei verfügbaren Werkzeugen ein Image erzeugt, welches dadurch exakt auf die eigenen Bedürfnisse zu geschnitten werden kann. Die Schwierigkeit dabei, speziell für den Durchschnitts-Anwender, könnte jedoch die mangelnde Erfahrung im Bereich Linux und beim Kompilieren von Quelltexten sein. Das ist allerdings Voraussetzung für das Maßschneidern eines passenden Images[25].

2.2.2 FreeWrt

FreeWrt entwickelte sich durch eine Abspaltung aus OpenWrt heraus und verfolgt einen professionelleren Einsatz als OpenWrt. Im Vergleich zu OpenWrt läuft

---

[23]vgl. ANDREW MIKLAS: *Linksys WRT54G and the GPL*, 2003, http://lkml.org/lkml/2003/6/7/164[MIK03]
[24]vgl. OPENWRT: *OpenWrt Distribution*, 2006, http://wiki.openwrt.org/OpenWrtDocs/About[OPE06]
[25]vgl. DANIEL BACHFELD: *Der Wunsch-Router*, c't, 2006, Ausgabe 24, Seite 160-164[BAC06]

FreeWrt nur auf relativ wenigen unterschiedlichen Modellen. Jedoch werden diese wenigen Modelle deutlich umfassender unterstützt. Im Gegensatz zu OpenWrt bietet FreeWrt keine vorgefertigten Firmware Images an. Der Anwender baut diese auf einem Linux oder BSD-System selbst zusammen und kompiliert sie anschließend. Der Durchschnitts-Anwender steht dabei vor ähnlichen Problemen wie schon bereits bei OpenWrt, wenn es darum geht, die zu erstellende Firmware seinen eigenen Bedürfnissen anzupassen. Allerdings bietet FreeWrt an dieser Stelle eine sehr große Unterstützung und stellt einen Dienst namens Web-Image-Builder zur Verfügung. Mit Hilfe dessen lässt sich nach Auswählen von Zielgerät (die genaue Routerbezeichnung), Basisausstattung, Dateisystem und gewünschten Zusatzmodulen direkt online auf den FreeWrt Servern ein maßgeschneidertes Image erzeugen und anschließend herunterladen. Dieses Image kann direkt auf den Router überspielt und verwendet werden [26].

2.2.3 Entscheidung für FreeWrt

Im grundsätzlichen Aufbau des Kerns sind beide Distributionen sehr ähnlich. Letztendlich war aber der enorme Komfortvorteil hinsichtlich der Erstellung eines individuellen Images mit Hilfe des Web-Image-Builders das ausschlaggebende Argument, um die Entscheidung für FreeWrt und gegen OpenWrt zu treffen. Schließlich sind einfache Bedienung und ein geringer Zeitaufwand ebenfalls wichtige Faktoren. Dennoch lässt ein selbst zusammengebautes und kompiliertes Firmware-Image noch mehr Individualität zu, als dies mit dem Web-Image-Builder möglich ist. Jedoch stellt der Image-Builder den besten Kompromiss aus Aufwand und Ergebnis dar. Das weitere Vorgehen beruht fortan auf der Distribution von FreeWrt.

2.3 Evaluierung der Hardware

Das Angebot von Routern, die mit einer Linux-Firmware ausgestattet sind, ist mittlerweile sehr groß. Durch die Linux-Firmware sind die Hersteller dazu verpflichtet, die Quellcodes ihrer Firmware unter der GPL zu veröffentlichen. Auf diese Weise hat der Anwender die Möglichkeit, die Firmware zu modifizieren und die Verwendungsmöglichkeit des Gerätes völlig neu zu gestalten.

---

[26]vgl. ERNST AHLERS: *Router-Firmware online selbst bauen*, 2007 http://www.heise.de/open/news/meldung/print/83858[AHL07]

Für die Studienarbeit stehen dabei zwei Geräte zur Auswahl. Um eine Entscheidung zu treffen, welches der beiden zur Verfügung stehenden Geräte für die Arbeit verwedet werden soll, werden die Router anhand ihrer technischen Daten bezüglich CPU und Speicher miteinander vergleichen.

2.3.1 Asus WL-500g Deluxe

Der Asus WL-500g Deluxe ist ein Breitband Router mit integriertem 4-Port Switch, WLAN Access-Point sowie zwei USB2 Ports.

CPU Speed	200 MHz
CPU Architektur	MIPS
Chipsatz	Broadcom 5365
Größe Flash	4 MB
Größe RAM	32 MB
USB	2x v2.0
Preis	ca. 60,- EUR (Stand: Oktober 2007)

Tabelle 1: Technische Daten Asus WL-500g Deluxe

2.3.2 Asus WL-500g Premium

Der Asus WL-500g Premium ist der größere Bruder des 500g Deluxe. Er verfügt über einen doppelt so großen Flash-Speicher und eine schnellere CPU. Außerdem verwendet der Router einen anderen Chipsatz.

CPU Speed	266 MHz
CPU Architektur	MIPS
Chipsatz	Broadcom 4704
Größe Flash	8 MB
Größe RAM	32 MB
USB	2x v2.0
Preis	ca. 80,- EUR (Stand: Oktober 2007)

Tabelle 2: Technische Daten Asus WL-500g Premium

2.3.3 Entscheidung für WL-500g Premium

Einen großen Vorteil dieser beiden Router gegenüber diversen anderen, auf dem Markt erhältlichen, bieten die vorhandenen USB2-Schnittstellen. Durch diese Schnittstellen ist es möglich, externe Speichermedien an das Gerät anzubinden und dadurch den Speicher nahezu beliebig erweitern zu können. Hierdurch entsteht die Möglichkeit, Applikationen einzuspielen und zu nutzen, welche sonst aufgrund des Speicherbedarfs nicht lauffähig wären. Die beiden Router haben außerdem den Vorteil von FreeWrt unterstützt zu werden.

Die Entscheidung für die Hardware fiel nach Abwägung der technischen Unterschiede auf den *WL-500g Premium*. Der deutlich günstigere Preis präferiert zwar zunächst die *Deluxe* Variante, jedoch erlaubt der größere Flash-Speicher der *Premium* Ausführung wesentlich mehr Gestaltungsmöglichkeiten für das neue darauf zu speichernde Firmware-Image. Weiterhin ist der *Broadcom 47xx*-Chipsatz im *Premium* Modell im Gegensatz zum *53xx*-Chipsatz der *Deluxe* Version wesentlich weiter verbreitet. Aufgrund dessen stehen mehr Erfahrungsberichte und Open Source Treiber für den *Broadcom 47xx*-Chipsatz bereit. Denn obwohl wesentliche Teile der original Firmware unter der GPL stehen, liefert Broadcom die passenden Netzwerktreiber nur als proprietäre Kernel-Module. Ob die um 66 MHz erhöhte Taktfrequenz im *Premium* Modell einen spürbaren Leistungsvorteil bringt, und somit ein weiteres Argument für die *Premium* Variante wäre, müsste eigens überprüft werden.

3 FreeWrt

In diesem Kapitel wird die genaue Installation schrittweise erklärt. Sie basiert auf der Hard- und Software-Entscheidung der vorherigen Kapitel: Die Kombination der FreeWrt Linux Distribution in ihrer Version 1.0.3 und des Asus *WL-500g Premium* Routers.

Vor der Installation muss zunächst das neue Image zusammengestellt werden. Mit dem im vorherigen Kapitel beschriebenen Web-Image-Builder von FreeWrt geht dies sehr schnell und einfach. Nach der Auswahl der Router-Hardware erstellt der *Web-Image-Builder* automatisch ein darauf zugeschnittenes Basispaket. Grundsätzlich kann man anschließend noch zwischen zwei Dateisystemen wählen. Es gibt die Wahl zwischen *jffs2* [27] und *squashfs-overlay* [28]. Aufgrund der begrenzten Größe des Flash-Speichers ist *squashfs-overlay* Dank seiner Komprimierung die bessere Wahl. Dieses Basispaket lässt sich in den weiteren Schritten mit einer Vielzahl von Paketen erweitern, um es den eigenen Bedürfnissen anzupassen. Für die spätere Funktionalität als Webserver mit PHP-Unterstützung, werden dafür folgende Pakete benötigt:

- **lighttpd** (ein kleiner, aber sehr performanter Webserver)
- **lighttpd-mod-fastcgi** (das Modul für FastCGI zur Anbindung von PHP)
- **php5-fastcgi** (PHP5 und die Kopplung an das FastCGI Modul des Webservers)

Nachdem alle benötigten Pakete ausgewählt wurden, lässt sich das entsprechende Image erzeugen. Die Generierung auf den FreeWrt-Servern dauert in etwa zwei Miunten. Anschließend lässt sich das Image herunterladen. Hinsichtlich der zur Verfügung stehenden Größe des Flash-Speichers auf dem Router sollte zunächst die Größe des Images verifiziert werden. Für Geräte mit 4 MB Flash Speicher darf die maximale Größe des Images 3456 KB nicht übersteigen. Bei Geräten mit 8 MB Flash liegt die maximale Größe bei 6912 KB[29].

Mit den oben ausgewählten Paketen hat das Image eine Größe von 3356 KB.

---

[27]jffs2 ist ein Dateisystem für Flash-Speicher, bei dem es nur eine Partition mit Schreibrechten gibt

[28]squashfs-overlay ist ein komprimiertes Dateisystem für Flash-Speicher, welches nur Leserechte hat, jedoch überlagert von einer jffs2-Partition mit Schreibrechten

[29]vgl. FreeWRT: *FreeWRT Web Image Builder*, http://wib.freewrt.org

3.1 Installation

Um die Eingaben von Fragmenten in den unterschiedlichen Kommandozeilen (Router und lokaler Rechner) zu verdeutlichen, werden hier folgende Konventionen eingeführt:

- **you@local:~#** steht für die Kommandozeile des lokalen Rechners
- **root@FreeWrt:~#** steht für die Kommandozeile des Routers
- <**text**> steht für eigene, variable Angaben (z.B. Verzeichnis, Dateiname, IP-Adresse)

Zum Überspielen des Images auf den Router wird *tftp* verwendet. Damit das heruntergeladene Image auf den Router kopiert werden kann, muss dieser in einem speziellen Flash-Modus gestartet werden. Das wird erreicht, indem der Router zunächst vom Stromnetz getrennt wird. Anschließend wird der *Reset-Button* gedrückt und gehalten, währenddessen der Router wieder mit dem Stromnetz verbunden wird. Der *Reset-Button* wird dabei noch so lange gedrückt, bis die *Power-LED* langsam zu blinken beginnt. Der Router befindet sich fortan im Flash-Modus und das Überspielen der neuen Firmware kann gestartet werden. In Windows geschieht dies über die Kommandozeile *cmd* wie folgt:

```
you@local:~# cd <Verzeichnis des Images>
you@local:~# tftp -i <RouterIP> put <Imagedatei.bin> <RouterIP>
```

Wichtig hierbei ist der Parameter *-i*. Er schaltet in den Binärübertragungsmodus. Unter Linux funktioniert die Übertragung mittels *tftp* folgendermaßen:

```
you@local:~# <Verzeichnis des Images> tftp <RouterIP>
tftp> binary
tftp> trace
tftp> put <Imagedatei.bin>
tftp> quit
```

Abhängig von der Größe des Firmware-Images dauert es etwa fünf bis sieben Minuten, bis das Image auf dem Flash Speicher des Routers eingespeist ist. Die Installation ist danach abgeschlossen. An dem Zustand der LEDs lässt sich der Fortschritt leider nicht erkennen. Anschließend muss der Router neu gestartet werden.
Falls bei der Installation etwas schief gegangen sein sollte oder der Router wieder

auf seinen Auslieferungszustand zurückgesetzt werden soll, gibt es die Möglichkeit, mit der im Lieferumfang beiliegenden Recovery-CD die ursprüngliche Firmware neu einzuspielen.

3.2 Konfiguration

Nachdem die Installation erfolgreich abgeschlossen wurde, lässt sich eine SSH-Verbindung zum Router herstellen:

```
you@local:~# ssh <Router IP>
```

Standardmäßig ist bei FreeWRT der Benutzername *admin* mit dem Kennwort *FreeWRT* konfiguriert. Der direkte *root*-Zugang über SSH ist deaktiviert. Nachdem man sich jedoch als *admin* angemeldet hat, veranlasst der Befehl *su* und das Kennwort *FreeWRT* die Anmeldung als *root* und die Freigabe der entsprechenden Rechte.

Um das Zusammenspiel von *lighttpd* und *PHP* zu veranlassen, müssen noch einige Einstellungen an den Konfigurationsdateien vorgenommen werden. Bei FreeWrt liegen alle Konfigurationsdateien im Verzeichnis /etc. Zunächst erfolgt die Anpassung von *lighttpd.conf*:

```
root@FreeWrt:~# vi /etc/lighttpd.conf
```

In dieser Konfigurationsdatei muss das Modul *mod_fastcgi* (Zeile 14) freigeschaltet und konfiguriert (Zeile 139-146) werden. Hier ist eine Anpassung des *bin-path* auf /usr/sbin/php notwendig. Sinnvoll ist auch eine Änderung des *document-root*[30] (Zeile 25). Standardmäßig ist *document-root* auf /tmp eingestellt. Dieses Verzeichnis ist jedoch nach jedem Reboot gelöscht und somit für die dauerhafte Speicherung wenig brauchbar. Des Weiteren ist eine Anpassung des *doc_root* der *php.ini* (Zeile 259) nötig:

```
root@FreeWrt:~# vi /etc/php.ini
```

Nachdem die Konfigurationen abgeschlossen sind, lässt sich der Webserver manuell als Systemdienst starten. Um die Kompaktheit zu wahren, existiert in FreeWrt

---

[30]das Verzeichnis, in dem der Server nach Dokumenten sucht

nur ein Runlevel[31]. Alle Systemdienste lassen sich mittels eines rc-Skripts starten. Im Verzeichnis /etc/init.d liegt zu jedem verfügbaren Dienst ein entsprechendes start/stop Skript. Während des Bootvorgangs werden die Skripte anhand ihrer Zahlenordnung abgearbeitet. Nach dem aktuellen Konfigurations- und Paketstand werden folgende Systemdienste aufgelistet:

```
root@FreeWRT:~# cd /etc/init.d/
root@FreeWRT:/etc/init.d# ls
```

S05syslog	S50dnsmasq	S60crond	rcS
S10boot	S50dropbear	S60lighttpd	
S20jffsclean	S50ez-ipupdate	S80php5	
S40network	S55ntpd	S98done	

Um den Webserver zu Testzwecken zunächst manuell zu starten, wird der Dienst mit dem Kommando *start* aufgerufen:

```
root@FreeWrt:~# /etc/init.d/S60lighttpd start
```

Wurde der Server gemäß der Konfiguration gestartet, wird dies mit *server started* quittiert. Falls der Server nicht startet, sollte die Konfiguration gemäß dem ausgegebenen Fehler überprüft werden. Um *lighttpd* zukünftig automatisch beim Booten des Routers zu starten, wird eine entsprechende Anpassung in *rc.conf* vorgenommen:

```
root@FreeWrt:~# vi /etc/rc.conf
```

Die hinter *lighttpd* stehende Variable wird auf *YES* gesetzt. Um alle vorgenommenen Einstellungen auch permanent zu speichern, müssen diese mit folgendem Kommando noch in den Flash-Speicher geschrieben werden:

```
root@FreeWrt:~# fwcf commit
```

Nach dem Schreiben des Flashes sind alle grundsätzlichen Einstellungen zur dauerhaften Nutzung als Webserver vollzogen.

---

[31]Unter Runlevel versteht man verschiedene Systemzustände. Jedem Runlevel sind bestimmte Systemdienste zugeordnet.

3.3 Erweiterung der Speicherressourcen

Aufgrund des beschränkten nicht-flüchtigen Speichers von 8 MB eignet sich der Router standardmäßig nur bedingt zum Anbieten von Serverdiensten. Jedoch bietet er mit seinen USB2-Schnittstellen die Möglichkeit, externe Speichermedien anzuschließen. Für das Ansprechen der USB-Schnittstelle sind weitere Kernel-Module nötig. Die Module sind in folgenden Paketen enthalten:

- **kmod-usb-core** (Kernel Modul für USB)

- **kmod-usb2** (Kernel Treiber für USB2)

- **kmod-usb-storage** (Kernel Modul für USB Speichermedien)

- **kmod-fs-vfat** (Kerndel Modul für FAT Dateisystem)

Die Pakete lassen sich mit dem standardmäßigen Paketmanagement-Tool *IPKG* sehr einfach einspielen:

root@FreeWrt:~# ipkg install <Paketname>

Nachdem die Installation abgeschlossen ist, erkennt der Router beim Booten automatisch die angeschlossenen USB-Speichermedien und mountet diese unter /mnt.

3.4 Funktionalität und Leistungsfähigkeit

Die hier verwendete Version von FreeWrt unterstützt die gesamte Funktionalität der Hardware des Routers sehr gut. Mit dem Befehl *dmesg* wird der Ringpuffer des Kernels ausgeben. Dadurch ergibt sich ein guter Überblick über die aktuelle Hardware-Situation (siehe Anhang). Im Anhang befindet sich weiterhin ein kleiner Benchmark, welches über die Lese- und Schreibgeschwindigkeit genaueren Aufschluss gibt. Die erreichte Durchschnittsgeschwindigkeit von 390 KB/s beim Kopieren über das Netzwerk fiel dabei negativ auf. Für einen sinnvollen Einsatz als Dateiserver ist dieser Wert eindeutig zu niedrig. Sehr positiv schneidet die Leistungsfähigkeit des Webservers in Kombination mit PHP ab. Beim Testen von verschiedenen PHP-Skripten kam es nie zu auffälligen Wartezeiten. Alle Anfragen waren prompt als Ausgabe im Browser des aufrufenden Rechners angezeigt worden.

4 Fazit

Ungetrübt von der vorherrschenden Kritik an Linux bezüglich seiner angeblich technischen Rückständigkeit und dem anfänglich mangelnden Vetrauen an die Open Source Gemeinde begann Linux sein rasantes Wachstum und wurde binnen weniger Jahre von einem Nischen-System zu einem Massenprodukt im Serverbereich. Als Microsoft Windwos Alternative im Privathaushalt konnte es sich aber bis heute noch nicht durchsetzen. Wie die weitere Entwicklung und Einstellung hinsichtlich der neuen GPL Version 3 aussehen wird, bleibt abzuwarten.

Der Versuch mit dem Einsatz auf eingebetteten Systemen zeigt, dass es durchaus möglich ist, mit einer im Vergleich zu heutigen PC-Systemen eher leistungsschwachen Hardware, wie dem Asus WL-500g Premium, dennoch Netzwerkdienste wie Webserver-Betrieb mit dynamischen Inhalten anzubieten. Für Server, die gleichzeitig eine große Anzahl von Anfragen zu beantworten haben, ist diese Option dennoch keine Alternative. Im privaten Bereich jedoch, in dem es nicht auf die hohe Rechenleistung, sondern viel mehr auf die geringen Anschaffungskosten ankommt, ist die Möglichkeit eines Routers im Servereinsatz durchaus eine Überlegung wert. Weiterhin geben die am WL-500g vorhandenen USB2-Schnittstellen die Möglichkeit, externe Datenspeicher (in Form von USB-Sticks oder Festplatten) an den Router anzuschließen und ihn dadurch zum Dateiserver werden zu lassen. Eine andere Möglichkeit ergibt sich durch den Anschluss einer USB-Webcam. Die dafür benötigten Treiber sind in FreeWrt für viele Webcam Hersteller schon verfügbar. Damit würde er sich zum Beispiel als Überwachungsmedium einsetzen lassen. Anhand der genannten Beispiele lässt sich erahnen, dass mit dem Einsatz eines freien Betriebssystems die Möglichkeiten auf dem Router nahezu unbeschränkt sind. Die mit FreeWrt erstellte Firmware ist als eine nahezu vollerwertige Linux-Distribution anzusehen. Auch die sehr gut funktionierende Paketverwaltung ist hervoragend integriert. Das Einspielen neuer Pakete gestaltet sich dadurch sehr einfach. Mittlerweile wird schon eine Vielzahl optionaler Pakete angeboten und jeden Tag kommen neue hinzu. Die Entwicklung der beiden Projekte FreeWrt und OpenWrt schreitet in großen Schritten voran und hat ihren Höhepunkt mit Sicherheit noch nicht erreicht.

A Ausgabe des Ringpuffers

```
root@freeWRT:/etc/init.d# dmesg
CPU revision is: 00029006
Primary instruction cache 16kB, physically tagged, 2-way, linesize 16 bytes.
Primary data cache 16kB, 2-way, linesize 16 bytes.
Linux version 2.4.33.3 (freewrt@freewrt-wib)
(gcc version 3.4.4 (FreeWRT rev. 2442)) #7 14:55:27 CEST 2007
Setting the PFC value as 0x15
Determined physical RAM map:
 memory: 02000000 @ 00000000 (usable)
On node 0 totalpages: 8192
zone(0): 8192 pages.
zone(1): 0 pages.
zone(2): 0 pages.
Kernel command line: root=/dev/mtdblock2 rootfstype=squashfs
init=/etc/preinit noinitrtyS0,115200
CPU: BCM4704 rev 9 at 264 MHz
Using 132.000 MHz high precision timer.
Calibrating delay loop... 262.96 BogoMIPS
Memory: 30336k/32768k available (1542k kernel code, 2432k reserved,
100k data, 96k iniem)
Dentry cache hash table entries: 4096 (order: 3, 32768 bytes)
Inode cache hash table entries: 2048 (order: 2, 16384 bytes)
Mount cache hash table entries: 512 (order: 0, 4096 bytes)
Buffer cache hash table entries: 1024 (order: 0, 4096 bytes)
Page-cache hash table entries: 8192 (order: 3, 32768 bytes)
Checking for 'wait' instruction... unavailable.
POSIX conformance testing by UNIFIX
PCI: Fixing up bus 0
PCI: Fixing up bridge
PCI: Setting latency timer of device 01:00.0 to 64
PCI: Fixing up bus 1
Linux NET4.0 for Linux 2.4
Based upon Swansea University Computer Society NET3.039
Initializing RT netlink socket
Starting kswapd
```

```
Registering mini_fo
devfs: v1.12c (20020818) Richard Gooch (rgooch@atnf.csiro.au)
devfs: boot_options: 0x1
JFFS2 version 2.1. (C) 2001 Red Hat, Inc.,
designed by Axis Communications AB.
squashfs: version 3.0 (2006/03/15) Phillip Lougher
pty: 256 Unix98 ptys configured
Serial driver version 5.05c (2001-07-08) with MANY_PORTS
SHARE_IRQ SERIAL_PCI enabled
ttyS00 at 0xb8000300 (irq = 3) is a 16550A
ttyS01 at 0xb8000400 (irq = 3) is a 16550A
b44.c:v0.93 (Mar, 2004)
PCI: Setting latency timer of device 00:01.0 to 64
eth0: Broadcom 47xx 10/100BaseT Ethernet 00:1b:fc:d4:65:ed
PCI: Setting latency timer of device 00:02.0 to 64
eth1: Broadcom 47xx 10/100BaseT Ethernet 40:10:18:00:00:2d
Physically mapped flash: Found an alias at 0x800000 for the chip at 0x0
Physically mapped flash: Found an alias at 0x1000000 for the chip at 0x0
Physically mapped flash: Found an alias at 0x1800000 for the chip at 0x0
 Amd/Fujitsu Extended Query Table v1.3 at 0x0040
number of CFI chips: 1
cfi_cmdset_0002: Disabling fast programming due to code brokenness.
Flash device: 0x800000 at 0x1c000000
Creating 6 MTD partitions on "Physically mapped flash":
0x00000000-0x00040000 : "cfe"
0x00040000-0x007d0000 : "linux"
0x000bd800-0x003b9000 : "rootfs"
mtd: partition "rootfs" doesn't start on an erase block boundary
-- force read-only
0x007d0000-0x007f0000 : "fwcf"
0x007f0000-0x00800000 : "nvram"
0x003c0000-0x007d0000 : "data"
Initializing Cryptographic API
NET4: Linux TCP/IP 1.0 for NET4.0
IP Protocols: ICMP, UDP, TCP, IGMP
IP: routing cache hash table of 512 buckets, 4Kbytes
TCP: Hash tables configured (established 2048 bind 4096)
```

ip_conntrack version 2.1 (5953 buckets, 5953 max)
- 360 bytes per conntrack
ip_tables: (C) 2000-2002 Netfilter core team
NET4: Unix domain sockets 1.0/SMP for Linux NET4.0.
NET4: Ethernet Bridge 008 for NET4.0
802.1Q VLAN Support v1.8 Ben Greear <greearb@candelatech.com>
All bugs added by David S. Miller <davem@redhat.com>
VFS: Mounted root (squashfs filesystem) readonly.
Mounted devfs on /dev
Freeing unused kernel memory: 96k freed
Algorithmics/MIPS FPU Emulator v1.5
diag: Asus WL500g premium found
Probing device eth0: found!
b44: eth0: Link is up at 100 Mbps, full duplex.
b44: eth0: Flow control is off for TX and off for RX.
mini_fo: using base directory: /
mini_fo: using storage directory: /jffs
jffs2.bbc: SIZE compression mode activated.
PCI: Setting latency timer of device 01:02.0 to 64
PCI: Enabling device 01:02.0 (0004 -> 0006)
eth2: Broadcom BCM4318 802.11 Wireless Controller 3.90.37.0
usb.c: registered new driver usbdevfs
usb.c: registered new driver hub
SCSI subsystem driver Revision: 1.00
Initializing USB Mass Storage driver...
usb.c: registered new driver usb-storage
USB Mass Storage support registered.
uhci.c: USB Universal Host Controller Interface driver v1.1
PCI: Enabling device 01:03.0 (0000 -> 0001)
uhci.c: USB UHCI at I/O 0x100, IRQ 2
usb.c: new USB bus registered, assigned bus number 1
hub.c: USB hub found
hub.c: 2 ports detected
PCI: Enabling device 01:03.1 (0000 -> 0001)
uhci.c: USB UHCI at I/O 0x120, IRQ 2
usb.c: new USB bus registered, assigned bus number 2
hub.c: USB hub found

Studienarbeit - Linux in eingebetteten Systemen   A   Ausgabe des Ringpuffers

hub.c: 2 ports detected
PCI: Enabling device 01:03.2 (0000 -> 0002)
ehci_hcd 01:03.2: PCI device 1106:3104
ehci_hcd 01:03.2: irq 2, pci mem c01a1000
usb.c: new USB bus registered, assigned bus number 3
EHCI: Enabling VIA 6212 workarounds
ehci_hcd 01:03.2: USB 2.0 enabled, EHCI 1.00, driver 2003-Dec-29/2.4
hub.c: USB hub found
hub.c: 4 ports detected
hub.c: new USB device 01:03.2-1, assigned address 2
eth0.0: add 01:00:5e:00:00:01 mcast address to master interface
scsi0 : SCSI emulation for USB Mass Storage devices
  Vendor: Model: Rev: 8.07
  Type: Direct-Access   ANSI SCSI revision: 02
Attached scsi removable disk sda at scsi0, channel 0, id 0, lun 0
SCSI device sda: 8126462 512-byte hdwr sectors (4161 MB)
sda: Write Protect is off
Partition check:
 /dev/scsi/host0/bus0/target0/lun0: p1
WARNING: USB Mass Storage data integrity not assured
USB Mass Storage device found at 2
eth0.1: add 01:00:5e:00:00:01 mcast address to master interface

B Leistungstest

Der erste Test erstellt eine 16 MB große Datei (32768 Blöcke zu je 512 Byte Größe) auf dem USB-Speicher:

```
root@FreeWRT:~# time dd if=/dev/zero of=/mnt/disc0_1/file
bs=512 count=32768
32768+0 records in
32768+0 records out
real    0m 2.23s
user    0m 0.15s
sys     0m 1.33s
```

Dieser Vorgang dauerte 2,23 Sekunden. Für die vergleichsweise eher leistungsschwache Hardware ist das ein sehr guter Wert. Im zweiten Test soll diese erstellte Datei vom USB-Speicher in die Ramdisk geladen werden:

```
root@FreeWRT:~# time cp /mnt/disc0_1/file /tmp/
real    0m 1.88s
user    0m 0.03s
sys     0m 0.91s
```

Wie auch zu erwarten war, geht das Lesen mit 1,88 Sekunden etwas schneller als das Schreiben.

Als letzter Test folgt das Kopieren vom lokalen Rechner über das Netzwerk auf den USB-Stick des Routers.

```
you@local:~# scp file root@192.168.1.1:/mnt/disc0_1

Host '192.168.1.1' is not in the trusted hosts file.
(fingerprint md5 70:dd:3b:14:65:09:3a:21:3c:9a:9f:9f:7f:df:6b:f7)
Do you want to continue connecting? (y/n) y
root@192.168.1.1's password:
file                      100%    16MB 390.1KB/s   00:42
```

Wie sich hier erkennen lässt, erfolgte das Kopieren lediglich mit einer Durchschnittsgeschwindigkeit von 390 KB/s und dauerte demzufolge 42 Sekunden.

Literatur

[AHL07] ERNST AHLERS. *Router-Firmware online selbst bauen.*
http://www.heise.de/open/news/meldung/print/83858, 2007.
[Aufgerufen am 01.11.2007].

[BAC06] DANIEL BACHFELD. *Der Wunsch-Router.* c't, 2006. Ausgabe 24, Seite 160-164.

[BTH06] HERBERT BOS, ANDREW TANENBAUM, and JORRIT HERDER. *Can We Make Operating Systems Reliable and Secure?* Vrije Universiteit, Amsterdam, 2006. IEEE Computer, vol. 39, no. 5, S. 44-51, Mai 2006; online verfügbar unter
http://www.computer.org/portal/site/computer/menuitem.
5d61c1d591162e4b0ef1bd108bcd45f3/index.jsp?&pName=
computer_level1_article&TheCat=1005&path=computer/
homepage/0506&file=cover1.xml&xsl=article.xsl&.

[DIE06] DR. OLIVER DIEDRICH. *Streit um die neue GPL.*
http://www.heise.de/open/artikel/78967, 2006. [Aufgerufen am 01.11.2007].

[FOU96] FREE SOFTWARE FOUNDATION. *The Free Software Definition.*
http://www.gnu.org/philosophy/free-sw.html, 1996.
[Aufgerufen am 01.11.2007].

[FOU07] FREE SOFTWARE FOUNDATION. *GNU General Public License.*
http://www.gnu.org/licenses/gpl-3.0.html, 2007. [Aufgerufen am 01.11.2007].

[JUS02] BUNDESMINISTERIUM DER JUSTIZ. *Gesetz über Urheberrecht und verwandte Schutzrechte.*
http://www.gesetze-im-internet.de/urhg/index.html, 2002.
[Aufgerufen am 01.11.2007].

[LYO06] DANIEL LYONS. *Linux Licensing - Interview with Linus Torvalds.*
http://www.forbes.com/2006/03/09/
torvalds-linux-licensing-cz_dl_0309torvalds1.html, 2006.
[Aufgerufen am 01.11.2007].

[MIK03] ANDREW MIKLAS. *Linksys WRT54G and the GPL*.
http://lkml.org/lkml/2003/6/7/164, 2003. [Aufgerufen am
01.11.2007].

[MOO02] GLYN MOODY. *Rebel Code: Linux and the Open Source Revolution*.
Perseus Books, 2002.

[OPE06] OPENWRT. *OpenWrt Distribution*.
http://wiki.openwrt.org/OpenWrtDocs/About, 2006.
[Aufgerufen am 01.11.2007].

[RAY05] ERIC STEVEN RAYMOND. *The Art of Unix Programming*.
Addison-Wesley, 2005. Online verfügbar unter
http://www.catb.org/~esr/writings/taoup/html/.

[STA83] RICHARD MATTHEW STALLMAN. *New Unix Implementation*.
http://www.gnu.org/gnu/initial-announcement.html, 1983.
[Aufgerufen am 01.11.2007].

[STA84] RICHARD MATTHEW STALLMAN. *The GNU Manifesto*.
http://www.gnu.org/gnu/manifesto.html, 1984. [Aufgerufen am
01.11.2007].

[TAN92a] ANDREW TANENBAUM. *Linux ist obsolete*. http://www.educ.
umu.se/~bjorn/mhonarc-files/obsolete/msg00000.html, 1992.
[Aufgerufen am 01.11.2007].

[TAN92b] ANDREW TANENBAUM. *Unhappy campers*. http://www.educ.
umu.se/~bjorn/mhonarc-files/obsolete/msg00076.html, 1992.
[Aufgerufen am 01.11.2007].

[TD01] LINUS TORVALDS and DAVID DIAMOND. *Just for Fun*. Hanser
Fachbuch, 2001.

[TOR91] LINUS TORVALDS. *What would you like to see most in Minix?*
http://lwn.net/2001/0823/a/lt-announcement.php3, 1991.
[Aufgerufen am 01.11.2007].

[TOR92] LINUS TORVALDS. *Unhappy campers*. http://www.educ.umu.se/
~bjorn/mhonarc-files/obsolete/msg00089.html, 1992.
[Aufgerufen am 01.11.2007].